中国广播影视大奖新媒体展示手册

2015—2016年度广播电视节目奖获奖作品

张海涛 主编

中国传媒大学出版社
·北京·

中国广播影视大奖新媒体展示手册

2015—2016年度广播电视节目奖获奖作品

编委会名单

前　言

中国广播影视大奖·广播电视节目奖是中宣部批准的常设奖项，由国家新闻出版广电总局主办、中国广播电影电视社会组织联合会承办。按照中宣部要求，目前，中国广播影视大奖·广播电视节目奖一年一评、两年一奖。

2017 年底，中国广播电影电视社会组织联合会完成了 2015—2016 年度中国广播影视大奖·广播电视节目奖的终评工作，共评出获奖作品 93 件，其中广播作品 52 件、电视作品 41 件。93 件作品代表了 2015—2016 年度中国广播电视节目的最高水平，是对两年来中国广播电视节目创新创优成果的检阅。

中国广播电影电视社会组织联合会会长张海涛同志多次强调，评奖不是终点而是起点；要充分发挥获奖作品示范引领导向的作用，要让全行业分享这些好经验好做法，不断提升队伍的业务素养，提升节目创新创优的质量和水平。

2016 年，中国广播电影电视社会组织联合会创办了“中国广播电影电视社会组织联合会创优创新获奖作品宣介会”，为节目创新创优搭建交流学习的平台。两年来，我们成功举办了 10 场宣介会，足迹遍及黑龙江、广西、江西、内蒙古、安徽、北京、浙江、上海、甘肃、重庆，受到当地广播电视同行的热烈欢迎。

为方便业界同行分享优秀节目创新创优成果，中国广播电影电视社会组织联合会评奖工作部首次与中国传媒大学新闻传播学部合作，制作出版了《中国广播影视大奖 2013—2014 年度广播电视节目奖获奖作品新媒体展示手册》，采用多媒体手段，把获奖作品的文字资料、音频视频呈现给读者，得到广泛赞誉。该手册被国家新闻出版广电总局评为 2017 年度网络视听节目内容建设扶持项目年度优秀案例。

此次中国广播电影电视社会组织联合会评奖工作部与中国传媒大学新闻传播学部再度携手，制作出版《中国广播影视大奖新媒体展示手册——2015—2016 年度广播电视节目奖获奖作品》，并将收录的每个节目都对应专属的二维码，用手机扫描即可收听收看。中国广播电影电视社会组织联合会网站和微信公众号同步推送获奖节目的 H5 作品。

官方网站

中国广播电影电视社会组织联合会官方网站
www.carft.cn

官方微信公众号

扫描下方二维码，即可关注中国广播电影电视社会组织联合会官方微信公众号。

目 录

广播类大奖

消息类

评论类

专题类

现场直播类

栏目类

对外宣传类

对台港澳类

广播剧（含微剧）类

文艺类

电视类大奖

消息类

评论类

专题类

现场直播类

栏目类

对外宣传类

中国广播影视大奖

广播类大奖 · 消息

作品标题 急诊不急让人着急

作品信息

作品类型：广播类·消息
创作单位：北京广播电视台
报送单位：北京市广播影视协会
作品时长：9分1秒
作品主创：韩萌
刊播栏目：《北京新闻广播》

推荐理由

1. 小切点反映大主题。
2. 事件典型，论据充分，报道角度巧妙。
3. 广播特点突出，传播效果显著。

作品简介

急诊，本是生命的绿色通道，但目前它运转效率低、症结复杂，不仅很难有序解决患者急危重症问题，也让医院运营者头痛不已。于是作者以《公众急诊就医的8点提示》的发布为契机，策划了三期急诊系列报道，从现象展现到原因揭示，最后把问题反馈给相关管理部门，使问题得到有效、实际的解决。

新媒体展示

使用手机扫描下方二维码，即可观看本条获奖作品的新媒体展示。

作品标题

中国军舰协助撤离在也门中外公民行动

作品信息

中国国际广播电台
CHINA RADIO INTERNATIONAL

作品类型：广播类 · 消息
创作单位：中国国际广播电台
报送单位：中国国际广播学会
作品时长：3分52秒、3分55秒、4分44秒
作品主创：王新俊、侯晨、张昀、陈维、刘鹏
刊播栏目：《环球资讯广播》

推荐理由

记者通过连续报道我海军护航编队协助撤侨事件的最新进展，以典型的事例、丰富的音响、精彩的讲述，展现了我国在关键时刻的人道主义精神和国际主义情怀及负责任大国的形象。

新媒体展示

使用手机扫描下方二维码，即可观看本条获奖作品的新媒体展示。

作品简介

从2015年3月26日开始，也门局势急速恶化，外国侨民纷纷撤离。记者专程从肯尼亚驻地赴吉布提采访此次中国军舰协助撤离中外公民行动，播发了大量相关报道，代表作选取的是连续报道中的前、中、后三篇。

作品标题

我国最大国有林区全面停止商业性采伐

作品信息

作品类型:广播类·消息
创作单位:内蒙古广播电视台
报送单位:内蒙古自治区广播电影电视协会
作品时长:3 分 51 秒
作品主创:绿原、白士城、马小慧、宝音
刊播栏目:内蒙古广播电视台《新闻广播》

推荐理由

作品以重大的停伐事件作为主题,在停伐当天,第一时间播发,反应速度快。整篇消息内容选择详略得当,结构紧凑合理,真实准确地记录了停伐的主要活动,指出了林区停伐以后林业职工的出路,揭示了停伐对于保护大兴安岭林区的重要意义。

作品简介

国家从 4 月 1 日起停止对内蒙古大兴安岭林区天然林商业性采伐,该事件对内蒙古意义非常重大。停伐前期,记者深入林区,进行多方面调查,采写了十几篇新闻稿件,既及时报道了内蒙古大兴安岭林区停伐的相关活动,又展现了林区职工对停伐事件的态度、看法以及停伐事件的重要意义。

新媒体展示

使用手机扫描下方二维码,即可观看本条获奖作品的新媒体展示。

作品标题 新一轮农村改革的“安徽模式”

作品信息

作品类型：广播类 · 消息
创作单位：安徽广播电视台
报送单位：安徽省广播电视协会
作品时长：7 分 25 秒、7 分 04 秒、7 分 51 秒
作品主创：马璧玲、章炜、杨雪雷、金春、曹松、汪菲
刊播栏目：新闻综合广播频率

推荐理由

这组系列报道带着泥土的芳香，用朴实的语言讲述着农民的故事。稿件文风清新，音响素材丰富，可听性强，体现了强烈的广播特色，展示了声音的魅力，播出后受到广泛好评。

新媒体展示

使用手机扫描下方二维码，即可观看本条获奖作品的新媒体展示。

作品简介

安徽广播电视台新闻综合广播频率经过精心策划，围绕农村改革的热点问题和重要成就，派出记者深入十多个市进行调查采访，制作了这一组系列报道。该报道全面客观地报道了安徽敢为天下先的精神，也体现了安徽农村改革的重大历史意义。

作品标题　兄弟，我们一起上去

作品信息

作品类型：广播类·消息
创作单位：湖北广播电视台
报送单位：湖北省广播电视协会
作品时长：3分24秒
作品主创：夏晓青、张瑞芳、宋丽娟、刘征
刊播栏目：《湖北之声》

推荐理由

这篇3分24秒的录音特写，淋漓尽致地还原了官东水下救援的现场，让全国听众身临其境，与当事人同呼吸、共命运。报纸、电视、网络无法做到的，广播却做到了。这不仅仅是一篇报道的成功，更是广播的成功。

作品简介

2015年6月1日晚，"东方之星"号客轮翻沉。作为最早抵达现场的广播媒体，湖北之声记者全程跟踪报道海军工程大学潜水分队救援行动，获得潜水员官东水下救人的珍贵的独家录音，第一时间发布消息。

新媒体展示

使用手机扫描下方二维码，即可观看本条获奖作品的新媒体展示。

作品标题 揭开明珠医院的重重乱象

作品信息

作品类型：广播类·消息
创作单位：上海广播电视台
报送单位：上海市广播电视协会
作品时长：4 分 07 秒、4 分 50 秒、3 分 34 秒
作品主创：陆兰婷、孟诚洁
刊播栏目：《990 早新闻》

推荐理由

这是一组反映民营医院乱象的舆论监督报道，事实调查清晰，内容客观公正，揭露的违规行为令人震惊。记者根据听众投诉提供的线索，不惧危险，独自一人以暗访的方式对涉事的民营医院的医疗行为进行了深入细致的调查，生动的暗访实况不仅层层深入地展现了这家民营医院的违法行为，也让医院和监管部门对提出的问题一一做了回应，内容客观公正。

新媒体展示

使用手机扫描下方二维码，即可观看本条获奖作品的新媒体展示。

作品简介

2016 年 4 月的魏则西事件，让民营医院的诊疗水平和服务质量成为全社会关注的热点。本组报道在 5 月推出，可谓恰逢其时。报道大量使用记者暗访的实况素材，揭示的问题触目惊心，监管的疏漏也暴露无遗。

作品标题

习近平回母校——到这儿就没有首长了，是学生

作品信息

作品类型：广播类·消息
创作单位：中央人民广播电台
报送单位：中央人民广播电台广播学会
作品时长：3 分 50 秒
作品主创：马闯、刘乐、刘会民、赵雪花
刊播栏目：《新闻纵横》

推荐理由

此节目突破以往的时政报道形式，相比新华社、央视等媒体对同场活动的报道，体量上更短小精悍，现场声更丰富，更适合作为广播传播。忆老师、讲往事，展现了我国最高领导人的情怀，极富感染力。记者记录的现场录音，不仅是一次采访，更是珍贵的历史资料。

作品简介

在教师节来临之际，习近平总书记回到自己的母校——八一学校，看望退休和在职的老师，追忆自己的求学时光。总书记在学校内讲印象最深刻的老师、自己童年时如何参加体育运动等，并与教师们座谈。记者紧跟总书记的脚步，录下大量音质清晰的素材，在节目中生动再现了现场。

新媒体展示

使用手机扫描下方二维码，即可观看本条获奖作品的新媒体展示。

作品标题 煤炭“老标兵”石圪节关井停产

作品信息

作品类型：广播类·消息
创作单位：山西广播电视台
报送单位：山西广播电视协会
作品时长：3分58秒
作品主创：张建国、任颖丽、王红荣
刊播栏目：《全省新闻联播》

推荐理由

作品的立意决定作品的高度，而立意高远、时代感强，是衡量优秀作品的第一标尺。在2016年煤炭供给侧结构性改革的大潮中，山西煤炭工人又一次用实际行动表现出了“有素质、有纪律、识大体、顾大局”的崇高品格，为改善全国煤炭供求关系作出了突出贡献。

新媒体展示

使用手机扫描下方二维码，即可观看本条获奖作品的新媒体展示。

作品简介

该作品通过老中青三代煤矿工人的经历，生动反映了山西煤炭行业在去产能过程中主动作为、勇于实践的责任与担当，堪称以小见大、抢抓重大题材的典型报道。作品通过声音进行叙事，灵活运用实况音响，巧用新闻采访素材，充分发挥同期声的作用，较好地发挥了广播的声音传播优势，做到了“用好声音，讲好故事”。

作品标题　“飞鲨”跃海天

作品信息

作品类型：广播类 · 消息
创作单位：辽宁广播电视台
报送单位：辽宁省广播电视协会
作品时长：6 分 44 秒、5 分 29 秒、5 分 27 秒
作品主创：邸玉玲、那其灼、谢乾、孔祥玉、邓德龙
刊播栏目：《新闻大视野》

推荐理由

这篇作品主题厚重，由烈士张超的感人事迹引申到海军舰载机飞行员这个英雄群体，充分、生动地展现了新时期革命军人高度的责任感、使命感和过硬的军事本领。作品采访深入、扎实，广播特色突出，构思新颖、结构紧凑，三集报道由点及面，紧紧抓住 4.4 秒的瞬间、抓住张超这一个体进行切入，步步深入、环环相扣。

作品简介

2016 年 8 月中旬，我军新一批舰载战斗机飞行员，29 岁的一级飞行员张超在一次陆基模拟着舰训练时因战机突发故障，壮烈牺牲。三集系列报道《“飞鲨”跃海天》选择从张超的这一感人至深、催人泪下的故事切入，以记者第一人称的口吻亲身讲述，让听众第一时间就能感受到舰载机飞行员为国担当的使命感和血脉豪情，也能体会到英雄从硝烟中缓步走来时，其实早已体会过生死考验的悲壮。

新媒体展示

使用手机扫描下方二维码，即可观看本条获奖作品的新媒体展示。

中国广播影视大奖

广播类大奖 · 评论

作品标题

“中国制造”造得好火箭高铁，为何造不好小小圆珠笔？

作品信息

作品类型：广播类·评论
创作单位：中央人民广播电台
报送单位：中国广播电影电视社会组织联合会经济节目（广播）工作委员会
作品时长：5分35秒
作品主创：马尚田
刊播栏目：《交易实况》

推荐理由

这篇评论出自个人专栏《老马价值观》。《老马价值观》是经济之声在“频率平台化、节目产品化、产品个人化”融媒体实践中推出的财经专栏之一。业内评价：“这个专栏很广播、很个性、很原创，对于传统财经广播的理念和形态，具有颠覆性的突破。栏目话题贴近草根百姓，很鲜活，古今中外，旁征博引，谈锋锐利。”

作品简介

这篇评论鲜明地提出了两个问题：一是中国制造能造好火箭高铁，为什么造不好小小的圆珠笔？二是小小的圆珠笔尖是否容得下匠心独具和价值坚守？在全球分工日趋精细化的背景下，评论分析了缺乏核心技术的“中国制造”所面临的尴尬困境。

新媒体展示

使用手机扫描下方二维码，即可观看本条获奖作品的新媒体展示。

作品标题

专车发展路在何方：放开特许经营，让市场说话

作品信息

北京人民广播电台

作品类型：广播类·评论
创作单位：北京人民广播电台
报送单位：中国广播电影电视社会组织联合会交通宣传委员会
作品时长：6 分 49 秒
作品主创：王丹、任雪娇
刊播栏目：《今日交通》

推荐理由

记者的讨论起于专车，但并没有止步于专车，节目最后，联系到出租车的特许经营，提出如下观点：各类出租车也好、专车也好，最终是要放开特许经营，让消费者说话，让市场调节。本篇报道采访扎实，逻辑清晰，说理分析有理有据，具有较强的可听性。

新媒体展示

使用手机扫描下方二维码，即可观看本条获奖作品的新媒体展示。

作品简介

2015 年 1 月 8 日，交通运输部首次表态，肯定了租赁公司的车 + 劳务派遣公司的司机 + 手机软件平台这种“1 + 1 + 1”的模式。但是，这一模式存在很多问题，这些问题背后的原因是什么？专车未来发展方向又是什么？针对这些关键问题，记者采访了专车公司负责人、市民，以及汽车、互联网、法律、城市交通等方面的专家。

作品标题 为政之要须“以百姓心为心”

作品信息

作品类型:广播类・评论
创作单位:福建省广播影视集团
报送单位:福建省广播电视协会
作品时长:8 分 46 秒
作品主创:刘学、李连申、李宗泽
刊播栏目:《一品宗泽》

推荐理由

作者以极强的政治敏感性,紧扣治国理政的重大主题,用鲜活有力的事实论据阐明党员干部为民办实事要有“技术 + 制度”的保障,更要有“以百姓心为心”的情怀。评论事实论据全部来自记者的一手调查和暗访,评论观点有新意、前瞻性强,内容引人警醒、发人深省。

作品简介

党的十八大以来,习近平总书记多次强调广大党员干部要“以百姓心为心”,为民解困,受民监督。本篇评论通过翔实的调查采访及对权威专家的访谈,对广大党员干部如何坚持“以百姓心为心”,为民办实事进行了深刻思考,并给出了明确的答案。

新媒体展示

使用手机扫描下方二维码,即可观看本条获奖作品的新媒体展示。

作品标题

扶贫要精准
谨防养懒人

作品信息

作品类型：广播类·评论
创作单位：安徽广播电视台
报送单位：安徽省广播电视协会
作品时长：8分26秒
作品主创：杨雪雷、蒋波、马静、吴昊
刊播栏目：《新闻瞭望》

推荐理由

该评论抓住扶贫工作这一重大主题，围绕扶贫工作谨防养懒人这一论点，通过摆事实、讲道理，进行了深入浅出的论述。这篇评论不仅拨开了社会上对困难群众"等、靠、要"误读的迷雾，同时，对于干部转变扶贫工作作风、实现我国的全面小康也具有积极意义。

新媒体展示

使用手机扫描下方二维码，即可观看本条获奖作品的新媒体展示。

作品简介

2016年我国全面实施精准扶贫精准脱贫方略。记者在安徽农村采访时发现，在扶贫工作中，部分农民存在"等、靠、要"的懒惰思想。为此，该文提出，扶贫不能变成扶懒，精准扶贫不仅要找准扶贫的对象，还要找准扶贫的方法。

作品标题 “罗尔捐款门”，到底谁更受伤

作品信息

作品类型：广播类·评论
创作单位：广东广播电视台
报送单位：广东省广播电影电视协会
作品时长：11分05秒
作品主创：陈红艳、陈凯
刊播栏目：《今日观察》

推荐理由

这篇新闻述评回顾了整个事件的经过，分别从信息公开、募捐平台和慈善态度三个层面进行了反思。整个述评观点清晰，逻辑结构严谨，说理论证充分有力，稿件播出后起到了较好的传播效果。

作品简介

11月30日，罗尔的公众号文章《罗一笑，你给我站住》创造了微信历史上单日打赏的最高纪录，次日舆论逆转，“罗尔撒谎”的质疑和指责遍布网络。记者紧密追踪观察事件进展，在12月5日刊发了这篇新闻述评，回顾了整个事件的经过，并进行了更为深层的思考。

新媒体展示

使用手机扫描下方二维码，即可观看本条获奖作品的新媒体展示。

中国广播影视大奖

广播类大奖·专题

作品标题　为了让纳格拉鼓再次响起

作品信息

作品类型:广播类·专题
创作单位:新疆人民广播电台
报送单位:新疆维吾尔自治区广播电视协会
作品时长:25分54秒
作品主创:姚兰、佟慧娟、陈宏伟、何琳
刊播栏目:《先锋直播间18点》

推荐理由

该作品触动心灵,影响广泛,针对性强,发人深省,在同类型的报道中独树一帜,为深入开展“访民情、惠民生、聚民心”活动提供了鲜活教材和强有力的舆论支持,为新疆的和谐稳定提供了强大的精神动力,在全疆具有示范意义。

作品简介

这篇广播专题充分发挥广播优势,抓住了艺术工作者的特点,以“鼓”为切入点,以小见大,客观真实地记录了一位民间艺人买买提依明·吾守尔从喜爱敲鼓到不敢敲鼓,再到重新敲鼓的转变过程。

新媒体展示

使用手机扫描下方二维码,即可观看本条获奖作品的新媒体展示。

作品标题 《抗战记忆》——川人大抗战

作品信息

作品类型：广播类 · 专题
创作单位：中央人民广播电台
报送单位：中央人民广播电台广播学会
作品时长：24分钟
作品主创：集体
刊播栏目：《文艺大家谈》

推荐理由

作品在抗日战争胜利70周年纪念日当天播出，多角度、全方位、高浓缩地还原了川人抗战的历史，使听众重温了那段苦难的岁月，深切感受到勤劳勇敢的四川人民在国难当头大义凛然、同仇敌忾、吃苦耐劳、顽强拼搏的精神。

新媒体展示

使用手机扫描下方二维码，即可观看本条获奖作品的新媒体展示。

作品简介

作品通过建川博物馆所珍藏的文物，引出它们背后震撼、感人的川人抗战故事，并加入对多位当事人、亲历者的采访，以小见大地勾勒出川人抗战的历史画卷。

作品标题　天使永驻人间

作品信息

作品类型：广播类·专题
创作单位：黑龙江广播电视台
报送单位：黑龙江省广播电视学会
作品时长：14 分 13 秒
作品主创：周清石、宋先智、孙玉多
刊播栏目：《早餐前后》

推荐理由

作品通过细腻的笔触，以记者手记的形式，用真实感人的音响，记录了黑龙江省首例儿童实体捐赠者陈林和他父母的不凡善举。稿件用真挚的情感、翔实的数据、感人的故事传播崇高义举，以此改变人们传统的生命观，产生了良好的社会影响。

作品简介

陈林是黑龙江省首例儿童实体捐赠者，记者用话筒记录下了陈林一家的感人善举，并以记者手记的形式，将所见、所闻、所感真实地呈现给全省的听众，让大家在感动中，对器官捐献有了全新的认识，也重新思考了生命的意义。

新媒体展示

使用手机扫描下方二维码，即可观看本条获奖作品的新媒体展示。

作品标题　他为 32 位战友正名

作品信息

作品类型:广播类·专题
创作单位:海安县广播电视台
报送单位:中国广播电影电视社会组织联合会城市广播电视台工作委员会
作品时长:14 分 37 秒
作品主创:杨俊、范馨予、冯霄骏
刊播栏目:《金色海安》

推荐理由

《他为 32 位战友正名》作为一部弘扬主旋律的作品,有这样几处可圈可点:题材独特,可遇而不可求;以小见大,以侧衬正,体现了宏大的主题;及时关注“新闻事”中的“新闻人”,作品的新闻性强;声“画”并茂,作品富有感染力。

作品简介

使用手机扫描下方二维码,即可观看本条获奖作品的新媒体展示。

新媒体展示

抗日老兵顾理昌的 32 名死难战友由于政府工作疏忽没能被授予烈士的称号,于是他下定决心一定要在有生之年,为他们完成追认工作。作者敏锐地抓住了这个不太常见的题材,并巧妙地通过小切口揭示了一个大主题。同时,为了弥补广播没有画面感的缺陷,作者大胆创新,在新闻专题中引进广播剧的制作手法,在采访同期声中配乐、配典型音效,用声音还原当年场景,给听众以画面感。

作品标题

绿色出行倡导月，通勤时间大比拼

作品信息

作品类型：广播类 · 专题
创作单位：北京广播电视台
报送单位：北京市广播影视协会
作品时长：9 分 30 秒
作品主创：集体
刊播栏目：《新闻热线》

推荐理由

《绿色出行倡导月，通勤时间大比拼》是北京广播电视台《新闻热线》2015 年 9 月推出的一组新闻专题节目。该报道选题得当，策划完整，在专题报道中融入诸多创新元素。报道结论充分体现了“绿色出行”的理念，凸显了媒体的社会作用。

作品简介

本专题于 2015 年 9 月 12 日播出，由 8 位记者通力合作完成。通过选定的 6 种交通工具，记者体验了最堵的 9 月的一个晚高峰。通过设计，在同一线路，选择不同通勤方式的记者分段“比拼”时间。体验的过程和结果不仅展现了各交通工具的优缺点，而且以令人信服的结论，推广了“绿色出行”的理念。

新媒体展示

使用手机扫描下方二维码，即可观看本条获奖作品的新媒体展示。

作品标题

我的区县我的家，
我们一起来勾画！

作品信息

作品类型：广播类・专题
创作单位：上海广播电视台
报送单位：中国广播电影电视社会组织联合会广播新闻节目工作委员会
作品时长：27 分 44 秒
作品主创：集体
刊播栏目：《市民与社会》

推荐理由

作品从市民百姓的"未来五年的心愿"着手，小中见大，妙趣横生，可听可信。这是一档将宏观政策与市民获得感紧紧衔接的节目，通过对宝山未来五年的美好规划，预见未来"十三五"计划完成后上海的大变化。作品通过极具亲和力和感召力的表达，塑造了党和政府可亲可信的公共形象，同时也成就了一档极具可听性的广播节目。

新媒体展示

使用手机扫描下方二维码，即可观看本条获奖作品的新媒体展示。

作品简介

这是一档精心策划的、紧贴党的十八届五中全会精神宣传的重点节目，内容厚重、形式新颖、生动活泼。在这一背景之下，《市民与社会》栏目以离群众最近的区县为切入口，策划了对话区县委书记的系列讨论。此次获奖的节目是对话宝山区委书记汪泓。

作品标题　卡车司机敢死队

作品信息

作品类型：广播类 · 专题
创作单位：岳阳人民广播电台
报送单位：湖南省广播电视协会
作品时长：17 分 17 秒
作品主创：廖岚、黄宇、沈琦
刊播栏目：《巴陵传真》

推荐理由

作品在第一时间以大量的信息详细报道了“卡车司机沉车堵口”这一新闻事件，具有很强的新闻时效性和现场感。作品从大处着眼，从小处着手，主旨明晰、以小见大，从一个侧面生动诠释了抗洪抢险事件背后的重大意义，歌颂了湖湘人民在大灾大难面前团结一心、众志成城保卫家园的坚强决心和鲜明态度。

作品简介

作品以岳阳市华容县新华垸发生溃口险情为背景，选取抗洪救灾场景中“卡车司机敢死队”这个特殊群体为报道对象，以纪实风格真实展现事件原貌，凸显了灾难面前舍小我为大我的平民英雄群体形象。

新媒体展示

使用手机扫描下方二维码，即可观看本条获奖作品的新媒体展示。

作品标题　武钢，一起走过的日子

作品信息

作品类型：广播类·专题
创作单位：湖北广播电视台
报送单位：湖北省广播电视学会
作品时长：10 分 02 秒
作品主创：刘爽、刘征、张瑞芳、洪燕
刊播栏目：《焦点时刻》

推荐理由

报道主题宏大，立意高远；采访深入，表述生动；语言洗练，文风清新；细节生动鲜活，音响丰富自然，极具广播特色，是一篇广播新闻专题的上乘之作。

新媒体展示

使用手机扫描下方二维码，即可观看本条获奖作品的新媒体展示。

作品简介

武钢和宝钢正式重组是供给侧改革下的国家行动。基于这一重大新闻，"湖北之声"提前成立专项组，奔赴武钢焦化公司、武钢研究院、武钢营销中心、硅钢事业部进行"蹲点"。多路记者在武钢的不同部门进行了为期半个月的采访，力求呈现共和国"钢铁长子"在这一历史性重大改革转型中的真实图像。

作品标题　聂树斌改判无罪，个案折射中国法治进程

作品信息

作品类型：广播类·专题
创作单位：河北广播电视台
报送单位：河北省广播电视协会
作品时长：9分53秒
作品主创：牛作交、戈希庭、焦新活、沈英丽
刊播栏目：《新闻1043》

推荐理由

作品历史意义重大，聂树斌案改判堪称我国司法史上的一个里程碑；新闻性强，聂树斌案12月2日宣判后，作品在12月4日我国第三个“国家宪法日”播出，达到了很好的传播效果；作品脉络清晰，语言简洁明了，音响运用效果好。

作品简介

作品通过对案件的层层剖析，向公众全方位展现了聂树斌案改判过程所引发的异地复查、复查听证、高院提审等制度创新，以及高院坚决贯彻“疑罪从无”的精神，以个案为载体，展现中国法治改革的进程。

新媒体展示

使用手机扫描下方二维码，即可观看本条获奖作品的新媒体展示。

作品标题 七只鸭子的“官司”

作品信息

作品类型:广播类·专题
创作单位:江西广播电视台
报送单位:江西省广播电视协会
作品时长:9分23秒
作品主创:何灵、万芳
刊播栏目:《爱问》

推荐理由

在中国农民的心中,法究竟是“镜中花”,还是“心中秤”? 记者从一个小线索里发现了深入探究的可能。经过深入基层,多方采访,反复求证和追问,一个偏远山村农民为七只鸭子告上法庭的事实全貌得以真实呈现。作品把抽象的“依法治国”变得形象和深刻,达到了以案说法、以理服人的良好效果。

新媒体展示

使用手机扫描下方二维码,即可观看本条获奖作品的新媒体展示。

作品简介

作品真实记录了江西一个小山村一个养殖户为了七只鸭子、为了争个理上法庭打官司的故事,从一个小侧面展现了中国农村的法治现状:农民法律维权意识逐步提高,基层普法、法治中国推进初见成效。作品充满了泥土气息,曲折有趣、叙事生动、深入浅出、立意深远。

作品标题

三进五台沟

作品信息

辽宁广播电视台
LIAONING RADIO AND TELEVISION

作品类型:广播类·专题
创作单位:辽宁广播电视台
报送单位:辽宁省广播电视协会
作品时长:24分41秒
作品主创:集体
刊播栏目:《新闻大视野》

推荐理由

报道不同于以往的典型人物报道,作者注重向生活学习、向群众学习,用农村的声音、农民的语言让这篇作品更加贴近实际、贴近群众、贴近生活。同时,作品里有情感、有温度、有思考,娓娓道来引人感慨。

作品简介

历时两年,记者三进五台沟,见证了五台沟村村容村貌的变化、基础设施的完善、村民生活状态的改善,更感受到精准扶贫对村民精神状态的改变。在驻村干部李红冈的带领下,村里美了,村里人富了,大伙儿有了精气神,生活有了奔头。

新媒体展示

使用手机扫描下方二维码,即可观看本条获奖作品的新媒体展示。

中国广播影视大奖

广播类大奖·现场直播

作品标题

津城全城动员为P型血女孩开辟“生命通道”

作品信息

作品类型：广播类·现场直播
创作单位：天津广播电视台
报送单位：天津省广播电视协会
作品时长：1小时8分45秒
作品主创：集体
刊播栏目：《整点新闻》

推荐理由

全国首次跨省调血，从血液解冻提取到抵达医院，全程仅用时10个小时，这是经过精确计算，两省相关部门通力配合的一次成功的应急救援。整个直播完全以现场直击、动态直播的方式进行，现场感很强。直播中全社会对小女孩的关爱更是感动津城市民，传递了社会正能量。

作品简介

辽宁P型血女孩于文昊在天津接受心脏病手术，由于手术所需用血的血型极其稀有，需从南京紧急运送。这是全国首次跨省调血，小文昊的安危牵动着全国数万人的心。交通广播现场直播打破节目时间，直播了血液运送和手术成功进行的全过程。

新媒体展示

使用手机扫描下方二维码，即可观看本条获奖作品的新媒体展示。

作品标题

众志成城迎战暴雨
——2016 湖北广播防汛救灾应急直播

作品信息

作品类型：广播类・现场直播
创作单位：湖北广播电视台
报送单位：湖北省广播电视学会
作品时长：2 小时 50 分 31 秒
作品主创：集体
刊播栏目：特别节目

推荐理由

作品在第一时间多渠道、全方位地呈现防汛抗灾场景，遵循应急报道规律，抢占舆论制高点，彰显了媒体责任。该报道启动"中央厨房"应急模式，整合全平台、全媒体资源，形成了规模传播。其创新多元素立体报道和可视化互动传播，增强了传播效果。

新媒体展示

使用手机扫描下方二维码，即可观看本条获奖作品的新媒体展示。

作品简介

2016 年初夏，湖北突遭连续多轮强降雨，江河湖库频频告急，人民群众生命财产遭受严重威胁。湖北广播推出的这一应急大直播，第一时间多渠道、全方位地呈现了一幅荆楚防汛抗灾的壮丽场景。

作品标题　生死大营救特别直播

作品信息

作品类型：广播类·现场直播
创作单位：自贡市广播电视台
报送单位：四川省广播电视学会
作品时长：4小时53分27秒
作品主创：集体
刊播栏目：《977夜新闻》

推荐理由

这是自贡综合广播首次无预先策划的新闻直播，直播真实感人，导播调度合理，主持把控得当，充分发挥了广播特色，体现了更强的互动性、更灵活的选择性和更深的融合性，充分发挥了广电全媒体平台融合互动的优势。

作品简介

2016年3月31日17点20分左右，自贡市自流井区光大街一处施工现场突发事故：一口桩井侧墙发生垮塌，两名正在井内作业的工人瞬间被埋在了井下。获知这一消息后，自贡综合广播迅速派记者赶往现场，并启动了突发事件特别直播。

新媒体展示

使用手机扫描下方二维码，即可观看本条获奖作品的新媒体展示。

作品标题

雄关漫道从头越 不忘初心新长征
——全国 15 家省区市电台纪念红军长征胜利 80 周年大型联合直播

作品信息

江西广播电视台

作品类型：广播类·现场直播
创作单位：15 家省台联合创作
报送单位：江西省广播电视协会
作品时长：1 小时 57 分 47 秒
作品主创：集体
刊播栏目：特别节目

推荐理由

该作品主题重大、构思精巧，既有对长征伟大历程的深情回望，又有对各地各族群众弘扬长征精神，为实现中华民族伟大复兴的中国梦而不懈奋斗的生动事例。直播融合了几乎所有传统媒体和新媒体形式，全国听众和网友踊跃参与互动，是一次在全国有影响、听众网友有反响的成功的实践活动。

新媒体展示

使用手机扫描下方二维码，即可观看本条获奖作品的新媒体展示。

作品简介

在该直播报道中，各参与台充分挖掘当地在红军长征中的特殊地位、特殊事件、主要标志地、典型人物、典型故事等新闻素材，充分运用录音报道、现场连线等表现方式，从现实切入历史，从历史展望现实，激励人们在实现中华民族伟大复兴中国梦的同时，走好这一代人的新长征路。

作品标题

追梦天宫——天宫二号空间实验室发射特别直播

作品信息

作品类型：广播类·现场直播
创作单位：中央人民广播电台
报送单位：中央人民广播电台广播学会
作品时长：1 小时 29 分 56 秒
作品主创：集体
刊播栏目：特辟时间

推荐理由

直播充分发挥广播时效性强、现场感强、权威性强、贴近性强等诸多优势，综合运用新媒体手段，增强互动性和贴近性，形成多媒体传播合力，同时进行航天科普宣传，为全国听众奉献了一系列有声有色的现场报道，产生了广泛的社会影响。

作品简介

2016 年 9 月 15 日，“天宫二号”空间实验室在酒泉卫星发射中心成功发射，这标志着我国载人航天“三步走”战略迈出关键一步。特别直播发挥时效性强、现场感强、权威性强、贴近性强等特点，并综合运用各种融媒体报道手段，增强互动性，扩大现场直播影响力。

新媒体展示

使用手机扫描下方二维码，即可观看本条获奖作品的新媒体展示。

作品标题

2016春运第一天特别节目：开往家乡的列车

作品信息

广东广播电视台

作品类型：广播类·现场直播
创作单位：广东广播电视台、湖北广播电视台
报送单位：广东省广播电影电视协会
作品时长：1小时25分3秒
作品主创：集体
刊播栏目：《朝朝早、精神好》

推荐理由

整个现场直播用广播特有的声音魅力，伴随着铁轨的轰鸣声、车厢里的欢快谈论之声、乘车人的肺腑心声、远在千里之外的家人的盼望之声、爱心人士的奉献之声，等等，实时记录下2016年春运第一天，发生在京广大动脉上，开往家乡的列车上的暖暖爱意。

新媒体展示

使用手机扫描下方二维码，即可观看本条获奖作品的新媒体展示。

作品简介

广东，是外来务工人员较多的省份。2016年的春运，广东广播电视台羊城交通广播电台联合全国多家交通广播，与交通管理和交通运输部门以及社会各界联手，共同打造春运特别节目《温暖回家路》，全方位为广大的春运旅客排忧解难，让他们的回家路变得更便捷、更温馨。《开往家乡的列车》是其中的一集。

中国广播影视大奖

广播类大奖·栏目

作品标题　市民学堂

作品信息

作品类型：广播类 · 栏目
创作单位：南京广播电视台
报送单位：江苏省广播电影电视协会
作品主创：陈建明、谢小平、王健、陈双双、成晓慧、沙娴
播出频率：FM1069/AM1008 新闻频率
创办日期：2012 年 10 月 22 日

推荐理由

以"市民学堂、名家讲坛、说文化南京、说南京人文故事"为主题的《市民学堂》，播出以来获得了良好的社会美誉度。无论是讲座活动项目还是广播专题节目，都屡次获奖，并受到省市有关领导及相关部门的表扬与表彰。

作品简介

《市民学堂》是由南京市委宣传部持续 10 多年重点打造的著名文化品牌，2012 年 10 月开始，由南京广播电台具体承办。在 2015 年全年中，《市民学堂》先后举办讲座 26 期，在南京广播电台六套频率制作播出同名广播专题节目 900 多档(次)。节目同时覆盖贵阳、银川等 18 家城市广播电台，节目覆盖人数超过 3 000 万。

新媒体展示

使用手机扫描下方二维码，即可观看本条获奖作品的新媒体展示。

作品标题　非常解读

作品信息

RTS 上海广播电视台 RADIO AND TELEVISION SHANGHAI

作品类型：广播类·栏目
创作单位：上海广播电视台
报送单位：上海市广播电视协会
作品主创：钱维钧、任重、龙敏、蒋斐莹
播出频率：上海新闻广播
创办日期：2015年2月2日

推荐理由

《非常解读》栏目是上海广播主频率"上海新闻广播"晚高峰时段的强档访谈节目。在全频率中该节目收听率始终保持在前三位，形成晚间收听高峰。节目话题紧扣新闻热点，制作精良、层次丰富、社会反响好，并用权威、专业且通俗易懂的语言，让听众拓宽了眼界，了解了时代的发展。

新媒体展示

使用手机扫描下方二维码，即可观看本条获奖作品的新媒体展示。

作品简介

上海新闻广播的播出频率为FM93.4，周一至周五17点至18点晚高峰时段播出。是一档新闻深度解读节目，就经济、文化、消费等方面的热点新闻进行深度剖析、解读，做真相的挖掘机、消费者的引路人。

作品标题 有事您说话

作品信息

作品类型:广播类・栏目
创作单位:山西广播电视台
报送单位:山西省广播电影电视协会
作品主创:张玲、田裕、程璐瑶、刘海波
播出频率:山西农村广播
创办日期:2010 年 2 月 1 日

推荐理由

节目开办 6 年来无播出事故,接听热线 7 万多次,来信数万封,为听众跑腿帮忙办结问题 6 万多件,有稳定的收听人群,听众涉及山西省的 100 多个县、市、区,收听率一直位于全频率自办节目前列,2013 年被评为山西省十佳广播节目。

作品简介

《有事您说话》栏目是山西广播电视台农村广播的一档名牌栏目,也是山西第一档对农类的热线帮办栏目。栏目以贴心、实用、服务性强为宗旨,涉及政策、法律、消费维权等方方面面农民朋友关注的问题。

新媒体展示

使用手机扫描下方二维码,即可观看本条获奖作品的新媒体展示。

作品标题　新闻面孔

作品信息

中央人民广播电台

作品类型:广播类·栏目
创作单位:中央人民广播电台
报送单位:中国广播电影电视社会组织联合会广播新闻节目工作委员会
作品主创:崔天奇
播出频率:中国之声
创办日期:2013 年 7 月 1 日

推荐理由

《新闻面孔》立足于中央新闻媒体这一党的重要舆论阵地,着眼于党的工作全局和时代主题,锐意创新,尊重新闻传播规律,不断适应受众需求的变化,不断提高中央新闻媒体的引导力和传播力,成为“做党的政策主张的传播者、时代风云的记录者、社会进步的推动者、公平正义的守望者”的优秀代表。

新媒体展示

使用手机扫描下方二维码,即可观看本条获奖作品的新媒体展示。

作品简介

《新闻面孔》是“中国之声”名牌栏目《新闻纵横》的子栏目,也是“中国之声”自 2013 年以来重点打造的新闻评论类栏目,双日播出,单期时长约 4 分钟,以夹叙夹议的方式对当前热点新闻人物和新闻事件予以评说。

作品标题

寻脉大长白

作品信息

作品类型:广播类·栏目
创作单位:吉林人民广播电台
报送单位:中国广播电影电视社会组织联合会纪录片工作委员会
作品时长:30 分钟
作品主创:吴玉军、孟祥秋、李雨楠
播出频道:吉林新闻综合广播
创办日期:2014 年 2 月

推荐理由

每期节目做到精心设计、精细挖掘、精致写作、精美解说、精湛制作。节目兼具文学性、人文性和史料价值,业界美誉度高。栏目及节目多次获吉林省广播电视新闻一等奖,2015 年获中国广播影视大奖提名。2016 年一季度,《寻脉大长白》被推介到澳洲华语广播电台展播。

作品简介

《寻脉大长白》是吉林人民广播电台推出的大型吉林文化纪实专栏,每周日首播,截至 2016 年底,已播出 100 期。该栏目通过对吉林地域特色文化的寻找、发现和描述,把丰富、深厚和广博的吉林文化在广播中呈现出来,为吉林文化建立了广播档案。

新媒体展示

使用手机扫描下方二维码,即可观看本条获奖作品的新媒体展示。

中国广播影视大奖

广播类大奖 · 对外宣传

作品标题　全面二孩还需政策配套

作品信息

作品类型：广播类·对外宣传
创作单位：中国国际广播电台
报送单位：中国国际广播学会
作品时长：14分46秒
作品主创：集体
刊播栏目：《圆桌议事》

推荐理由

本期节目选题紧跟社会热点，内容引领导向。节目针对全面二孩政策的讨论和分析较为全面，逻辑性强，条理清晰，重点突出，角度多元。主持人提问直击重点，讨论节奏把控得当，解读深入浅出，可听性强；中外嘉宾表述精辟，论证有力，鞭辟入里。

作品简介

节目以“全面放开二孩”这一政策为主题，透过中外不同视角，对中国计划生育政策的调整变化及其背后的深层原因进行了分析和解读。节目中，重点探讨了“全面放开二孩”的必要性、可能产生的社会影响及如何鼓励更多家庭生育“二孩”等话题。

新媒体展示

使用手机扫描下方二维码，即可观看本条获奖作品的新媒体展示。

作品标题

乘着歌声的翅膀：歌唱历史 飞向未来

作品信息

作品类型：广播类·对外宣传
创作单位：中国国际广播电台
报送单位：中国国际广播学会
作品时长：28分34秒
作品主创：迟慧广、Bob Jones、关娟娟、夏吉宣
刊播栏目：《脉动中国》

推荐理由

该作品立意深刻，以藏族的非物质文化遗产保护和传承作为出发点和落脚点，多角度层层递进地讲述了天籁童声合唱团建立的初心、发展的历程、取得的成就以及未来的发展方向，展现了藏族人民对自己传统文化的深切热爱，及对文化传承和保护的巨大决心和毅力。

新媒体展示

使用手机扫描下方二维码，即可观看本条获奖作品的新媒体展示。

作品简介

四川省甘孜藏族自治州巴塘县的天籁童声合唱团是我国唯一的藏族童声合唱团。当地的传统文化巴塘弦子是我国国家级非物质文化遗产。为了保持文化遗产的鲜活生命力，巴塘文化部门和社会上的有识之士经过多年细致工作和不断尝试，取得了良好的保护和传承效果。

作品标题　水——一个村庄的命运

作品信息

作品类型：广播类·对外宣传
创作单位：北京广播电视台
报送单位：北京市广播影视协会
作品时长：16分21秒
作品主创：张悦、曹军生、洪新
刊播栏目：《全景中国》

推荐理由

节目以"水"为主线，一方面描述了现在人们喝上水的幸福感，另一方面又讲述了之前喝不上水时的经历。"现在时"与"过去时"相互交替，生动地体现了"水"改变了一个村庄的命运，北京援疆事业改变了当地民众的生活状态。节目以情动人，以细节感人。

作品简介

在北京援建新疆和田地区自来水厂建成通水的大背景下，记者以随访的形式，走进吐沙拉乡居民图儿孙大娘家，以白描的手法，用声音呈现出当地居民关于水的欢乐与哀愁，讲述了当地从"活命水"到"幸福水"的变化，反映出援疆事业的重要性。

新媒体展示

使用手机扫描下方二维码，即可观看本条获奖作品的新媒体展示。

作品标题

血液是跨国界的礼物 它让我们的心紧紧相连

作品信息

中国国际广播电台
CHINA RADIO INTERNATIONAL

作品类型：广播类 · 对外宣传
创作单位：中国国际广播电台
报送单位：中国国际广播学会
作品时长：10 分 10 秒
作品主创：刘婷、林路、罗来安、袁奇
刊播栏目：《社会生活》

推荐理由

节目以一系列献血活动的策划者、参与者、见证者的亲身感受为主线，生动地还原了这场特殊的献血活动当天的温暖场景，传达了活动产生的社会正能量并展现了中伊两国人民间的深厚友谊。题材新颖独特，内容设计连贯紧凑，立意深刻，音响素材丰富，引人入胜。

新媒体展示

使用手机扫描下方二维码，即可观看本条获奖作品的新媒体展示。

作品简介

2016 年 10 月，一场由 150 多名在广州生活的伊朗人自发组织的无偿献血引发了当地市民的热议和称赞。记者在得知消息后立刻奔赴广州，联系到了活动发起人——伊朗驻广州领事馆官员以及广州血液中心的领导和医生们，策划制作了该期节目。

作品标题　保护长臂猿 国际大行动

作品信息

作品类型：广播类·对外宣传
创作单位：广西人民广播电台
报送单位：广西广播电影电视协会
作品时长：16 分 37 秒
作品主创：苏鹏程、周德光、滕永恒、何彪
刊播栏目：《阳光沙滩北部湾》

推荐理由

该作品通过大量的事实阐述了自然保护无国界这个深刻主题。报道中丰富的音效、音频素材的运用让广播特色愈加鲜明。该节目在选题、立意、标题、内容、观点和判断等各个方面严格要求自身，以小见大，以讲故事的方式剖析生动案例，通过小事反映自然生态保护无国界的时代主题。

作品简介

作品运用广播新闻的叙事技巧，深入采访报道中越两国在边境地区合作，开展保护全球极度濒危物种东黑冠长臂猿的国际行动。作品充分表现了中越两国合作保护东黑冠长臂猿的艰辛与执着。经过多方努力，加强生态保护对改善自然环境成效显著。

新媒体展示

使用手机扫描下方二维码，即可观看本条获奖作品的新媒体展示。

中国广播影视大奖

广播类大奖·对台港澳

作品标题

澳门单牌机动车入出横琴新政今天启动

作品信息

作品类型:广播类·对台港澳
创作单位:珠海广播电视台
报送单位:广东省广播电影电视协会
作品时长:4 分钟
作品主创:集体
刊播栏目:《951 晚新闻》

推荐理由

作品结构严谨,以时间为序,将新政惠及对象、新政出台背景及内涵,以及珠澳两地政府携手合作和强化监管的举措成效在层层递进中穿插呈现,以采访音频和背景数据,解析了澳门单牌机动车入出横琴新政的启动效果。案例鲜活,数据翔实,政府高层表态具有特定意义。

作品简介

2016 年 12 月 20 日是澳门回归 17 周年,澳门单牌机动车入出横琴政策正式启动。报道脉络明晰,在 4 分钟内将车主感受、新政出台背景及内涵、珠澳政府高层官员态度、海关及口岸监管等信息层层递进地展现出来,呈现了文约事丰的典型特点。

新媒体展示

使用手机扫描下方二维码,即可观看本条获奖作品的新媒体展示。

作品标题 去不掉的“中国化”

作品信息

作品类型：广播类·对台港澳
创作单位：福建省广播影视集团
报送单位：福建省广播电视协会
作品时长：13 分 45 秒
作品主创：杨陆海、蓝松祥、陈薇、林卉
刊播栏目：《晚安台湾》

推荐理由

作品采访深入，叙事精练，论述有力，既大气又“接地气”。“俯身”倾听、“贴地”观察，用充分的事实、数据和主流民意说话，分析“去中国化”行径必将给台湾人民福祉带来严重伤害；采访多个机构的两岸问题专家学者，力图使论述更充分、角度更多元、音响更丰富。

新媒体展示

使用手机扫描下方二维码，即可观看本条获奖作品的新媒体展示。

作品简介

作品以“世芳扯铃”为由，从历史、文化、法理、地缘、经济、社会、民生等角度层层剖析，用事实、数据和主流民意说话，表达了两岸同属一个中国的正确道路的核心意涵，是一篇主题重大、旗帜鲜明的广播新闻评论性专稿。

作品标题

将法律之剑
高悬于“港独”分子之顶

作品信息

作品类型：广播类 · 对台港澳
创作单位：中央人民广播电台
报送单位：中央人民广播电台学会
作品时长：4 分 14 秒
作品主创：杨文延、韩长江、诸雄潮、宋雪
刊播栏目：《新闻空间》

推荐理由

该评论是中央人民广播电台推出的“人大释法”系列评论第一篇，评论正确、主动、深入地解析了人大释法，观点鲜明、有理有据、张弛有度，重点揭批“港独”的本质和危害，告诉“港独”分子全国人大释法就是利剑高悬。评论把握准确，解读彻底；渠道多元，立体传播，达到了很好的传播效果。

作品简介

评论从释法的正当性、权威性、重要性和深远性等多个角度出发，充分论述了人大释法对于香港长期繁荣稳定的重要意义和深远影响，重点揭批“港独”的本质和危害，阐明人大释法的法理依据，深化香港人民的国家观念。

新媒体展示

使用手机扫描下方二维码，即可观看本条获奖作品的新媒体展示。

作品标题　台北里长在上海居委会的一天

作品信息

作品类型：广播类·对台港澳
创作单位：海峡之声广播电台
报送单位：中国广播电影电视社会组织联合会对台港澳节目委员会
作品时长：11分20秒
作品主创：王倩、程娟娟、车丽娟、王继东
刊播栏目：《666新闻特快》

推荐理由

作品紧贴时代脉动，题材新颖、视角独特、素材丰富、画面感强，以纪实的手法生动刻画了“两岸小巷总管”在交流中“心系彼此、越走越近”的血脉情缘。“温度”与“高度”是作品的两大脉络，通过生动细微的小故事将这两大脉络完整呈现出来。

新媒体展示

使用手机扫描下方二维码，即可观看本条获奖作品的新媒体展示。

作品简介

作品讲述温情小题材故事，主人公是两岸最基层的“小巷总管”，围绕其在上海居委会一天的生活琐事进行陈述记录，选材精准，主题深刻，形式新颖，手法巧妙。

作品标题　纪念台湾光复 70 周年特别节目：台湾青年说光复

作品信息

作品类型：广播类 · 对台港澳
创作单位：中央人民广播电台
报送单位：中央人民广播电台学会
作品时长：16 分 17 秒
作品主创：穆亮龙、李金鑫
刊播栏目：《海峡军事漫谈》

推荐理由

该作品题材重大，针对性强。节目从实际出发，探讨厚重历史话题，取得了良好的传播效果；视角清新，主题深刻，以台湾青年讲述的光复历史与现实故事，引起同龄台湾青少年对台湾光复史的共鸣和思考；独具匠心，制作精良，内容生动，节奏明快。

作品简介

作品从台湾社会现实出发，在台湾光复 70 周年纪念日到来之际，邀约、选取了 4 位有代表性的台湾青年，围绕主题展开访谈，并邀请台海问题专家对台湾青年讲述的台湾光复故事做出精到深入、画龙点睛的分析与点评。

新媒体展示

使用手机扫描下方二维码，即可观看本条获奖作品的新媒体展示。

中国广播影视大奖

广播类大奖 · 广播剧（含微剧）

作品标题　心中的溜索

作品信息

作品类型:广播类·广播剧
创作单位:重庆市万州区广播电视台
报送单位:重庆市广播电视协会
作品时长:1小时20分
作品主创:丁尘、潘海琳、权胜
刊播栏目:《文化时空》

推荐理由

作品题材重大,真实感人,质朴温暖;人物形象有特点,剧情曲折有悬念;地方特色浓郁,演播录制精致。故事源于生活,虚构有度,注重情怀,遵循规律,充分调动语言、音响、音乐三位一体的艺术手段,演绎出生动的人物形象和曲折的故事情节,即使是小人物也充满鲜活的生命力与魅力。

作品简介

本作品是以2015年度"感动重庆十大人物"获得者——奉节县第三法庭法官群体为原型创作的一部三集广播剧,讲述了第三法庭的法官们穿梭在大山深处,践行前辈们留下来的优良司法、普法传统,护卫一方安宁的感人故事。

新媒体展示

使用手机扫描下方二维码,即可观看本条获奖作品的新媒体展示。

中国广播影视大奖

广播类大奖 · 文艺

作品标题　丝路传说

作品信息

北京人民广播电台

作品类型：广播类 · 文艺（音乐）
创作单位：北京广播电视台
报送单位：北京市广播影视协会
作品时长：23 分 39 秒
作品主创：张鹏飞、白钢
刊播栏目：《特别创意》

推荐理由

专题音乐节目《丝路传说》题材厚重、大气、对应时事热点，反映"一带一路"所富有的深刻的文化内涵和历史意义，视野开阔，呈现出历史与现实相呼应、时间与空间相交汇的艺术意境。该节目思想精深、制作精良，营造出十分动人的艺术意境，具有极强的艺术感染力，让人回味悠长。无论是对主题挖掘的广度还是深度，该节目都十分到位。

作品简介

2016 年 4 月，华裔大提琴家马友友携丝绸之路合唱团推出全新专辑《歌咏乡愁》，该专辑以丝绸之路沿线各民族音乐的融合、碰撞为特色，呈现出鲜明的世界音乐色彩，在全世界赢得广泛赞誉。本节目以此为切入点，从音乐的角度讲述了丝绸之路的前世今生。

新媒体展示

使用手机扫描下方二维码，即可观看本条获奖作品的新媒体展示。

作品标题　双城故事——昆明和台北

作品信息

作品类型：广播类·文艺（文学）
创作单位：云南广播电视台
报送单位：云南广播电视学会
作品时长：25 分 30 秒
作品主创：李洁、欧阳宁宇、杨锦、梁丽敏
刊播栏目：《音乐阳光派》

推荐理由

这是一组立意新颖、制作精良的文学节目，通过一个普通的昆明女孩和台北男孩将这些经典文学作品娓娓道来。作品最后将于坚的《滇池》和余光中的《乡愁》以穿插叠加的方式播出，掀起情绪的高潮，揭示了作品的主题——大陆和台湾本是一家人，是世世代代彼此牵挂和思念的一家人。

新媒体展示

使用手机扫描下方二维码，即可观看本条获奖作品的新媒体展示。

作品简介

这是一组充满新颖创意和温暖情怀的文学节目，巧妙地以“北纬 25 度”这样一个地理坐标将原本似乎没有关联的两座城市——昆明和台北，用八篇经典的文学作品选段，通过有温度、有质感、有情怀的四个主题——雨、节日、小吃、花木串联起来。

作品标题　永不消逝的声音

作品信息

作品类型：广播类·文艺(戏曲)
创作单位：河南人民广播电台
报送单位：河南省广播电视协会
作品时长：29 分 58 秒
作品主创：张军红、王博、李静、翟国选
刊播栏目：《梨园留声机》

推荐理由

专题节目《永不消逝的声音》在真实再现钢丝带数字化转录工程场景的同时，对部分珍贵戏曲录音资料进行了客观、准确的介绍及精彩片段的呈现，并就钢丝带数字化转录工程对戏曲艺术的挖掘与保护、传承与发展所具有的重要意义和特殊价值进行了多角度的梳理和解读。

作品简介

节目中撷取了部分珍贵的钢丝带戏曲录音资料，如豫剧陈派艺术创始人陈素真演唱的《三上轿》及 1953 年录制的豫西调名老艺人王二顺演唱的《南阳关》等，对剧目中有代表性的精彩唱段进行了客观、准确的介绍和呈现。

新媒体展示

使用手机扫描下方二维码，即可观看本条获奖作品的新媒体展示。

作品标题

青雪故事:寻龙诀

作品信息

作品类型:广播类·文艺(长篇连播)
创作单位:吉林人民广播电台
报送单位:吉林省广播电视协会
作品时长:21 分 28 秒
作品主创:池东眉、李楠
刊播栏目:《青雪故事》

推荐理由

《青雪故事》专栏在国内的惊险悬疑类有声小说连播领域中,持续 21 年创新不辍。在这部有声书中,《青雪故事》"趣致生动、节奏明快,人物的'声音造型'个性鲜明、感染力强"的风格得到了完美的展现。

新媒体展示

使用手机扫描下方二维码,即可观看本条获奖作品的新媒体展示。

作品简介

这部参评作品是由影业公司授权、与热门贺岁电影同步上线的"剧本有声书"。内容源自"现象级 IP"——天下霸唱的悬疑探险小说《鬼吹灯》系列,体裁为近年来刚刚兴起的、探索性的文学类型——"剧本小说"。

作品标题

雕刻声音的时光：纪念中国唱片工业 100 年

作品信息

作品类型：广播类 · 文艺（综艺）
创作单位：中央人民广播电台
报送单位：中央人民广播电台学会
作品时长：1 小时 3 分 25 秒
作品主创：集体
刊播栏目：《经典新天地》

推荐理由

该作品是一期具有史诗风格、凸显细节故事、充满艺术美感、传播温暖情感的大型综艺精品节目。

作品简介

2015 年，恰逢中国唱片工业 100 年，节目以大型综艺专题的形式，大跨度、全景式、多手段地展现了中国唱片百年变迁，折射出中国社会发展历程，在主题性、思想性、故事性、综艺性、赏听性等多方面均达到较高水准。

新媒体展示

使用手机扫描下方二维码，即可观看本条获奖作品的新媒体展示。

中国广播影视大奖

电视类大奖 · 消息

作品标题　情系梁家河

作品信息

SXBC
陕西广播电视台

作品类型：电视类 · 消息
创作单位：陕西广播电视台
报送单位：陕西省广播电影电视协会
作品时长：5 分 26 秒、4 分 36 秒、4 分 16 秒
作品主创：集体
刊播栏目：《陕西新闻联播》

推荐理由

系列报道《情系梁家河》是“新春走基层”活动中的一篇佳作，也是重大时政报道创新的成功探索。报道以历史烛照现实，通过细致的事实汇聚，努力追溯党的领袖的成长经历以及他和人民群众的血肉关系，充分体现出专题片的思想厚度和时政报道应有的政治高度。

作品简介

2015 年 2 月 13 日至 16 日，农历乙未年春节前夕，中共中央总书记、国家主席、中央军委主席习近平来到陕西考察调研。在习近平总书记离开梁家河村的第二天，陕西广播电视台记者对梁家河村的乡亲们进行了细致的回访。

新媒体展示

使用手机扫描下方二维码，即可观看本条获奖作品的新媒体展示。

作品标题 “4·25”地震我区抗震救灾纪实

作品信息

作品类型：电视类·消息
创作单位：西藏电视台
报送单位：西藏自治区广播电视协会
作品时长：5 分 19 秒、6 分 27 秒、4 分 1 秒
作品主创：曾江军、李广青、唐学军
刊播栏目：《西藏新闻联播》

推荐理由

“4·25”地震发生以后，西藏电视台迅速吹响向灾区集结的号角，第一时间赶赴灾区，第一时间发稿报道，采写播发大批高质量稿件，及时、准确、全面地报道了地震灾情和抗震救灾成效，形成强大声势，取得良好效果，为抗震救灾作出了重要贡献。

新媒体展示

使用手机扫描下方二维码，即可观看本条获奖作品的新媒体展示。

作品简介

“4·25”尼泊尔强震，波及西藏19个县区，近30万群众不同程度受灾。本系列报道全面展现了面对突如其来的灾难，全区党政军警民迅速行动，展开了一场和时间赛跑的生死角力，创造了近年来震级最高但死亡人数最少的纪录。

作品标题　走基层·“遥远”的念坪

作品信息

作品类型:电视类·消息
创作单位:怒江傈僳族自治州广播电视台
报送单位:云南省广播电视学会
作品时长:8分、7分3秒、8分
作品主创:李春珍、严正华
刊播栏目:《怒江新闻》

推荐理由

该系列报道前期策划到位,在报道手段上充分发挥了电视的优势,全力精耕细作,让人印象深刻、身临其境。作品主题突出、层次分明,现场声运用到位,是新闻工作者落实“三贴近”、做好“走转改”的上乘之作。该作品播出后,得到了观众的广泛关注和一致好评。

作品简介

云南省怒江傈僳族自治州是云南省乃至全国扶贫攻坚的主战场之一。记者围绕“公路”这一主题,全方位、多角度地展示了不通公路给念坪村村民带来的困难,反映了村民想拥有一条通村公路的“中国梦”。

新媒体展示

使用手机扫描下方二维码,即可观看本条获奖作品的新媒体展示。

作品标题

五县长扶贫齐吆喝 一网买尽吕梁山

作品信息

作品类型：电视类·消息
创作单位：山西广播电视台
报送单位：山西省广播电视协会
作品时长：3分55秒
作品主创：陈霞、严飞飞、梁震、杨舒荷
刊播栏目：《山西新闻联播》

推荐理由

该片用精巧的构思、清晰的脉络将这三个重大主题巧妙融入到一条不足四分钟的新闻中，把一个地方性新闻题材打造成具有全国意义的新闻精品，凸显出记者对重大主题敏锐的发现能力和极强的驾驭能力。新闻播出后，得到了很高的社会关注度。

新媒体展示

使用手机扫描下方二维码，即可观看本条获奖作品的新媒体展示。

作品简介

精准扶贫，如何实现“精准”？就是要发现问题精准施策。记者分别前往五个国家级贫困县，用生动的画面语言记录下五位年轻扶贫县长带领贫困地区农民“触网”，五个县抱团进军互联网，让偏远山区的土特产从滞销变畅销的故事。

作品标题

“东方之星”客船长江翻沉 潜水员官东:生的希望留给别人

作品信息

作品类型:电视类 · 消息
创作单位:中央电视台
报送单位:中央电视台学会
作品时长:3 分 46 秒
作品主创:集体
刊播栏目:《新闻直播间》

推荐理由

在报道初始阶段,民众对救援信息了解不全面引发局部争论,作为中央主流媒体,央视率先发声,发挥主流媒体担当,撷取救援中的典型人物和事件,以电视新闻特写形式还原现场,传播事实,匡正了舆论场风向,发挥了主流媒体在关键时刻的“定海神针”作用。

作品简介

“东方之星”客船在长江翻沉后,引发了全世界媒体的聚焦和关注。央视报道团队在重点救援节点就势深挖,发掘了救出两名幸存者的潜水员官东,并以突发快反的速度展开特写报道,为后续继续深挖人物奠定了基础。

新媒体展示

使用手机扫描下方二维码,即可观看本条获奖作品的新媒体展示。

作品标题

网民主动抵制谣言，为坚守者点赞传播正能量

作品信息

BTV

作品类型：电视类·消息
创作单位：北京广播电视台
报送单位：北京市广播影视协会
作品时长：3分42秒
作品主创：贾元真、刘效、王志胜、艾军
刊播栏目：《北京您早》

推荐理由

2016年7月20日，北京遭遇强降雨，大量谣言随同暴雨一同落下。在这样关键的时刻，记者觉得有责任用新闻真相阻击谣言，传播正能量。这条新闻既彰显了北京电视台在重大事件面前主动引导舆论的媒体社会责任，又凸显了新闻快速、真实、及时的报道理念。

新媒体展示

使用手机扫描下方二维码，即可观看本条获奖作品的新媒体展示。

作品简介

2016年7月20日，北京下起大暴雨，与以往网络空间谣言“满天飞”不同，本次暴雨席卷京城的事件中很多网民都在转发辟谣信息。记者第一时间记录下舆论场上网民自觉抵制谣言的过程，说明了网民自律意识和文明程度的不断提升。

作品标题 大豆补贴困局

作品信息

作品类型:电视类·消息
创作单位:中央电视台
报送单位:中央电视台学会
作品时长:6 分 35 秒、4 分 06 秒、1 分 41 秒
作品主创:曲磊、闻佳
刊播栏目:《经济信息联播》

推荐理由

本片的贡献并不止于发现问题,也在于将问题放在历时的纵向坐标和全球的横向坐标去做更深层次的思考,并提供建设性的参考意见。节目既梳理了2008 年农业补贴政策的变迁以及市场的反应,又对比了中美两个世界粮食大国补贴政策的异同,“取他山之石以琢我之美玉”。而本节目的预测也恰恰暗合国家的政策方向。

作品简介

《大豆补贴困局》聚焦已实行两年的大豆目标价格补贴政策,从只有一条黑龙江之隔的两个农民,得到的大豆补贴款却相差一半这个奇怪的现象入手,分别对大豆种植面积统计、采价点设置两个政策的核心问题进行了深度调查。

新媒体展示

使用手机扫描下方二维码,即可观看本条获奖作品的新媒体展示。

作品标题

乔司街道拆违记

作品信息

作品类型：电视类·消息
创作单位：浙江卫视
报送单位：浙江省广播电影电视学会
作品时长：4分3秒、4分7秒、4分12秒
作品主创：杨洋、傅筱铭、周虞
刊播栏目：《浙江新闻联播》

推荐理由

从报道手法上说，报道采取蹲点式采访，故事化表达。记者走进违建居民家庭跟拍拆违干部，从平民视角真实记录，避免了主题报道“主题先行”的弊端。以提出问题、解决问题的手法不断深入，用讲故事的方法呈现出拆违之难以及如何步步推进。

新媒体展示

使用手机扫描下方二维码，即可观看本条获奖作品的新媒体展示。

作品简介

“三改一拆”是省委省政府2016年的中心工作之一，浙江卫视紧扣这一中心，推出了《乔司街道拆违记》。拍摄团队以走基层的拍摄方式，下到区县，下到最基层的社区，下到拆违整治的一线，持续记录了乔司街道拆违整治的全过程。

作品标题

我国首次陆空联动营救野生亚洲象

作品信息

作品类型：电视类·消息
创作单位：西双版纳广播电视台
报送单位：云南省广播电视学会
作品时长：3分56秒、4分27秒、5分25秒
作品主创：林鹏、王晶、和育盛、罗云平、明娟
刊播栏目：《新闻赶摆场》

推荐理由

2016年10月9日，三头野生亚洲象被困在景洪市勐旺乡大龙山村民小组后山上的一个蓄水池里，其中一头一岁左右的小象生命垂危。本组连续报道运用纪录片的拍摄手法将野象被困的起因、营救的过程及营救结果进行了全程跟踪报道，采访思路清晰，具有很强的现场感。

作品简介

该组连续报道围绕营救三头野生亚洲象展开，其中最大的矛盾冲突，也是最精彩的部分是救援人员与20头野生亚洲象的正面交锋。整组报道运用纪录片的拍摄手法将野象被困的起因、营救的过程及营救结果进行了全程跟踪报道。

新媒体展示

使用手机扫描下方二维码，即可观看本条获奖作品的新媒体展示。

中国广播影视大奖

电视类大奖 · 评论

作品标题

取消暂住证，一字之差的历史跨越

作品信息

作品类型：电视类・评论
创作单位：辽宁广播电视台
新华社瞭望周刊社
报送单位：辽宁省广播电视协会
作品时长：25 分钟
作品主创：集体
刊播栏目：《瞭望评辨天下》

推荐理由

节目从大处着眼，从小处落笔，讲人性故事，做理性判断，评述过去所取得的成就来之不易，辨析当下所出现的变化是我们主动选择、调整发展方式的必然结果，展望未来中国户籍管理制度发展的整体趋势，秉承了《瞭望评辨天下》栏目一贯的社会责任意识，较好地把握了新闻评论节目的传播特性和艺术技巧，彰显了主流媒体的社会影响力。

作品简介

本期节目跟进 2015 年“两会”期间审议通过的《关于全面深化公安改革若干重大问题的框架意见》，分析户籍改革对普通民众、对中国社会稳定和城市发展有何影响。从“暂住证”到“居住证”，一字之差，究竟意味着哪些改变？怎样改，才能为不同城市注入新的发展活力？要不要进城，怎么进城，这笔账究竟怎么算才最合适？

新媒体展示

使用手机扫描下方二维码，即可观看本条获奖作品的新媒体展示。

作品标题 争取涉农资金不应靠“关系”

作品信息

作品类型：电视类·评论
创作单位：宁波广电集团
报送单位：浙江省广电学会
作品时长：14分52秒
作品主创：徐明明、丁杨明、姚昊、蔡丽莉
刊播栏目：《看看看》

推荐理由

第一，题材重大。深入推进农业供给侧结构性改革是“三农”领域的一场深刻变革，关系长远。第二，结构巧妙。作品切口小，夹叙夹议，让枯燥的经济类述评变得通俗易懂。第三，手法创新。与传统评论语态不同的是，这篇作品善于讲故事。第四，采访扎实。第五，反响良好。节目播出后，迅速被人民网、新华网、财新网、浙江在线等数十家主流媒体网站转载引用。

新媒体展示

使用手机扫描下方二维码，即可观看本条获奖作品的新媒体展示。

作品简介

这篇作品紧扣农业供给侧结构性改革的大背景，由点及面地阐述了宁海涉农资金整合改革的价值和意义。作品从宁海县两个相邻村庄作为辅线切入，通过两个村改革前后的戏剧性变化，突出主题、以小见大。

作品标题　“变味”的精准扶贫贷款

作品信息

作品类型：电视类・评论
创作单位：甘肃省广播电影电视总台
报送单位：甘肃省广播电视协会
作品时长：12 分钟
作品主创：漆新平、马梅吴、林峰、童笔奇
刊播栏目：《今日聚焦》

推荐理由

作者着眼于建设性批评，在尊重事实的基本前提下，把握舆论导向，真正做到了“出于公心，出于良心，出于善心，出于诚心”，让舆论监督成为化解矛盾、改进工作的利刃。

作品简介

精准扶贫专项贷款是甘肃省专门为贫困人口量身定做的专属金融产品，是一项名副其实的“穷人贷款”。然而，平凉市崆峒区草峰镇农商银行却在村民不知情的情况下，强行从贷款中扣除了 5 000 元的利息和 300 元的人寿保险费，使精准扶贫贷款变了味，走了样。

新媒体展示

使用手机扫描下方二维码，即可观看本条获奖作品的新媒体展示。

作品标题

民企也是国家队

作品信息

作品类型：电视类·评论
创作单位：黑龙江广播电视台
报送单位：黑龙江省广播电视协会
作品时长：10分35秒
作品主创：李宁、杨阳、刘雨轩、霍扬
刊播栏目：全媒体新闻中心《新闻联播》

推荐理由

评论主题宏大，逻辑严谨，分析过程抽丝剥茧，层层深入，通篇贯彻了习近平总书记“你们也是国家队，虽然你们是民营企业”重要讲话精神，突出了在东北振兴发展和经济新常态的背景下，毫不动摇鼓励、支持、引导非公有制经济发展的必要性。

新媒体展示

使用手机扫描下方二维码，即可观看本条获奖作品的新媒体展示。

作品简介

记者多次深入安天公司采访，全面报道了安天公司作为“民企国家队”的特征，深入挖掘了安天公司作为民营企业如何一步步成长为企业“国家队”的原因，从多个角度举证了民企也可以成为“国家队”这一观点。

作品标题 地下管廊破解"拉链式"马路难题

作品信息

作品类型:电视类·评论
创作单位:山东广播电视台
报送单位:山东省广播电视协会
作品时长:11分6秒
作品主创:姜磊、宋爱学
刊播栏目:《101》

推荐理由

本评论选取事例典型,调查深入,观点鲜明,不仅提出问题,也给出了解决问题的思路。本评论观点既切中历史和现实问题,又有前瞻性。为了城市的长远发展和人民生活的长久安宁,我们应该舍得在地下投资,这对我国城市建设有启示意义。

作品简介

"拉链式"马路是困扰中国城市的老大难问题。本评论根据国务院会议精神,通过对济南、日照、滕州三个城市的调查,为解决这一问题指明了出路,那就是建设地下综合管廊。

新媒体展示

使用手机扫描下方二维码,即可观看本条获奖作品的新媒体展示。

中国广播影视大奖

电视类大奖·专题

作品标题　黑暗中的风景

作品信息

重庆卫视

作品类型:电视类·专题
创作单位:重庆广播电视集团(总台)
报送单位:重庆市广播电视协会
作品时长:19 分 54 秒
作品主创:廖洋益、洪志昳
刊播栏目:《重庆发现》

推荐理由

最开始,没有任何一个旅行社愿意接盲人团,因为怕麻烦。但是节目播出后,社会反响强烈,很多人深受感染,也有更多人开始关注盲人这一群体。2016 年初,开始有旅行社愿意接盲人团,他们去了新加坡、泰国和马来西亚,成了全国第一支走出国门的盲人旅行团。

作品简介

故事讲述了一个自身半盲、年过六旬的大姐,多年来免费组团带一群盲人出门旅游的故事。在这之前,很多盲人都很少出门,每天都在重复家和按摩店两点一线的生活。采访生动活泼,反映了盲人失去光明后对外面世界的渴望。

新媒体展示

使用手机扫描下方二维码,即可观看本条获奖作品的新媒体展示。

作品标题 生命缘——请你替我活下去

作品信息

作品类型：电视类·专题
创作单位：北京广播电视台
报送单位：北京市广播影视协会
作品时长：40分钟
作品主创：马宏、邵晶、刘书含、王璐、李潇
刊播栏目：《生命缘》

推荐理由

本片没有一丝说教，回避无谓的拔高，一心一意用电视语言讲述了一个直指人心的故事。通过一个真实普通的、遭受"塌天大难"的中国家庭故事，展示当代中国人良好的道德情操、朴素的生活理念、宽厚包容的心灵世界。

新媒体展示

使用手机扫描下方二维码，即可观看本条获奖作品的新媒体展示。

作品简介

《请你替我活下去》是《生命缘》第二季的一期代表作，真实记录了一名6岁女孩丹丹，毫无征兆地突发恶性脑胶质瘤，在生命的最后时刻，她许下心愿：捐献器官，帮助需要帮助的小朋友，最后挽救了五个小生命的感人故事。

作品标题　中共六大纪事

作品信息

作品类型:电视类·专题
创作单位:黑龙江广播电视台
报送单位:黑龙江省广播电视协会
作品时长:2小时
作品主创:姚冬梅、闫志勇、单连德、申江伟
刊播栏目:特别节目

推荐理由

在中国共产党成立九十五周年这一重大历史节点上,《中共六大纪事》作为具有高度思想性、理论性、艺术性的优秀献礼片,填补了中共六大这段党史的纪录片影像空白,为中国共产党九十五载波澜壮阔的伟大征程留下了一段宝贵的影像志,彰显了媒体的责任担当和传播使命。

作品简介

四集大型文献纪录片《中共六大纪事》全面介绍了中共六大召开的背景、过程以及对中国革命产生的重要影响,深刻反映了中国共产党在中国革命生死攸关的重大转折中,所进行的伟大历史实践和对革命道路的积极探索!

新媒体展示

使用手机扫描下方二维码,即可观看本条获奖作品的新媒体展示。

作品标题　塔里木河

作品信息

作品类型：电视类·专题
创作单位：新疆电视台
报送单位：新疆维吾尔自治区广播电视协会
作品时长：8 小时
作品主创：集体
刊播栏目：《真实纪录》

推荐理由

16 集系列纪录片《塔里木河》用时 3 年多，在社会和经济的深刻层面上涉及并展示这一主题，力求用镜头真实记录塔河两岸各少数民族的生活状态，从全景角度透视这一地区所发生的悄然变化，给世界一个了解真实新疆的平台和窗口。

新媒体展示

使用手机扫描下方二维码，即可观看本条获奖作品的新媒体展示。

作品简介

该片不仅追溯了塔里木河的过去，记录了塔里木河的现在，眺望了塔里木河的未来，也为大家打开了解新疆的一扇窗口，让更多的人认识并理解真实的新疆，同时为弘扬中华文明打开了一条新的渠道。

作品标题 “聂树斌案”十年调查

作品信息

作品类型:电视类·专题
创作单位:中央电视台
报送单位:中央电视台学会
作品时长:44 分 45 秒
作品主创:高国辉、程君轶、李鹏、杨帆、李燕杰
刊播栏目:《今日说法》

推荐理由

聂树斌案重大、复杂、疑难,记者始终坚持正确的政治意识和大局意识,全面采访、客观报道,情、理、法之间的关系处理得当。作品始终坚持用事实说话,通过精准克制的镜头语言,阐释了新时代下的全新的法治理念,展现了我国法治建设的巨大进步。

作品简介

1995 年,20 岁的聂树斌因涉嫌强奸杀人罪被判处死刑并很快执行。2016 年 12 月 2 日,最高人民法院对聂树斌案公开宣判,改判聂树斌无罪,宣判后第九天,《今日说法》播出了该期调查性报道。

新媒体展示

使用手机扫描下方二维码,即可观看本条获奖作品的新媒体展示。

作品标题

欧洲难民潮

作品信息

CCTV. 中国中央电视台

作品类型:电视类·专题
创作单位:中央电视台
报送单位:中央电视台学会
作品时长:42分13秒
作品主创:集体
刊播栏目:《世界周刊》

推荐理由

作为一期国际新闻专题,节目将难民潮置于一个更开阔的时空背景下加以观察,清晰梳理了其中的来龙去脉,并就叙利亚危机及“阿拉伯之春”做了延展性的分析,使中国观众对于远在欧洲的难民潮有了更加深入、准确的认知。

新媒体展示

使用手机扫描下方二维码,即可观看本条获奖作品的新媒体展示。

作品简介

2015年,欧洲迎来了二战后最大难民潮,这对欧洲社会形成巨大冲击。围绕难民潮产生的一系列问题,《世界周刊》制作播出了一期特别节目《欧洲难民潮》。节目分为上下两期。

作品标题

人间世·救命

作品信息

作品类型：电视类·专题
创作单位：上海广播电视台
报送单位：上海市广播电视协会
作品时长：45 分钟
作品主创：集体
刊播栏目：《人间世》

推荐理由

作品通过沉浸式拍摄，客观呈现了医学的"不完美"、医学的"可为与不可为"，通过极致的医学案例，探讨了当今社会人与人之间、人与社会之间应该秉持怎样的处世之道，这些处世之道就是我们应当坚持的主流价值观。

作品简介

作品关注的是面对重症治疗，我们应该怎样对待抢救失败这个社会命题。本片拍摄了 5 个重症抢救案例，其中有 3 个是抢救失败案例。

新媒体展示

使用手机扫描下方二维码，即可观看本条获奖作品的新媒体展示。

作品标题

“无指”老师坚守执教温暖山村25年

作品信息

中国教育电视台
CHINA EDUCATION TELEVISION

作品类型:电视类·专题
创作单位:中国教育电视台
报送单位:中国教育电视台
作品时长:8分43秒
作品主创:张晓瑜、任宏伟
刊播栏目:《中国教育报道》

推荐理由

本片两位主创人员选择原生态的记录手法,全篇没有一句解说,全部运用现场同期声和主人公自述,全方面展现陈老师的故事。

新媒体展示

使用手机扫描下方二维码,即可观看本条获奖作品的新媒体展示。

作品简介

在山西省吕梁市柳林镇刘家山小学,尽管因先天发育不良而手足“无指”,今年48岁的陈海平仍坚持用双手夹着粉笔在黑板上写字,仍坚持站着教学,给孩子们讲课补课、取暖做饭、打扫卫生……

作品标题

纪念抗战胜利70周年主题节目联播《血铸河山》

作品信息

作品类型：电视类·专题
创作单位：56家电视台
报送单位：中国广播电影电视社会组织联合会城市广播电视台工作委员会
作品时长：2小时30分
作品主创：集体
刊播栏目：多栏目

推荐理由

《血铸河山》不采用宏观叙事和长篇评论的方式，而是重在介绍具有各地特色的具体抗战故事和英雄人物。作品既突出了我党领导军民奋勇抗日的感人场景，又再现了全民抗战及南洋华人华侨与国际盟军共同参与抗战的故事，题材广泛，画面真实，内容鲜活，情节感人。

作品简介

为配合纪念中国人民抗战胜利暨世界反法西斯战争胜利70周年重大宣传任务，56家城市电视台携手开展了纪念抗战胜利70周年主题节目《血铸河山》大联播项目。

新媒体展示

使用手机扫描下方二维码，即可观看本条获奖作品的新媒体展示。

作品标题 90 后护士的“高颜值”笔记

作品信息

江西广播电视台

作品类型：电视类 · 专题
创作单位：江西广播电视台
报送单位：江西省广播电视协会
作品时长：10 分钟
作品主创：刘瑜、邓丽青、王清平、徐俊雄、饶力
刊播栏目：《社会传真》

推荐理由

这期节目告诉人们，“高颜值”笔记的“走红”看似偶然，背后却有着手术室护士整个团队 40 多年来坚守的必然，从 20 世纪 70 年代开始，一代代护士传承着做上台笔记的优良传统，这是对医疗专业“精益求精”的工匠精神的不懈追求，更是“医者仁心”的现实注脚。

新媒体展示

使用手机扫描下方二维码，即可观看本条获奖作品的新媒体展示。

作品简介

作品从一本小小的笔记本说起，描绘了一个手术室护士团体的群像。在人们习惯用电脑码字的时代，这些护士用整齐娟秀的字体记录每一台手术的要点，用彩笔精心描绘每一幅医学专业图画。

作品标题　野性的呼唤——巨树家园

作品信息

作品类型：电视类·专题
创作单位：中央新影集团
报送单位：中国广播电影电视社会组织联合会纪录片工作委员会
作品时长：25分钟
作品主创：集体
刊播栏目：《时代》

推荐理由

该片拍摄了很多人类不易到达的生态环境，拍摄到的动物大到旗舰动物种，小到显微镜才能看到的细小生物，带给观众奇特的感受。本片集艺术性、科学性、神秘性、观赏性于一体，以独特的视角、深入的探寻和高科技的精良制作获得了强烈的社会反响。

作品简介

《野性的呼唤》是一部关于中国野生动物的大型纪录片，共分五集，表现了中国高原、大海、山脉、沼泽、雨林等不同生态环境下的野生动物。

新媒体展示

使用手机扫描下方二维码，即可观看本条获奖作品的新媒体展示。

作品标题 全民反恐 暴恐分子无以遁形

作品信息

作品类型：电视类·专题
创作单位：新疆电视台
报送单位：新疆广播电视协会
作品时长：13分35秒
作品主创：史文雄、苏蒙、徐浩宇、黄涛
刊播栏目：《新疆新闻联播》

推荐理由

作品对拜城县9月18日暴恐袭击案件全歼暴恐分子的细节进行了曝光。严打专项行动开展以来，新疆警方雷霆出击，将98%以上的暴恐极端团伙打掉在预谋阶段和行动之前。反恐人民战争的战果属于专业力量和人民群众，他们共同谱写了一曲全民反恐、严打暴恐的英雄壮歌。

新媒体展示

使用手机扫描下方二维码，即可观看本条获奖作品的新媒体展示。

作品简介

2015年9月8日，新疆阿克苏拜城发生暴恐事件，案件发生后，自治区立即采取措施，经过56天连续顽强作战，打掉了这一由境外极端组织直接指挥的暴恐团伙，除一人自首外，其余28名暴徒被全部歼灭。

中国广播影视大奖

电视类大奖·现场直播

作品标题

南昌西汉海昏侯墓主椁室考古发掘系列现场直播

作品信息

作品类型:电视类·现场直播
创作单位:江西广播电视台
报送单位:江西省广播电视协会
作品时长:共计320分钟
作品主创:集体
刊播栏目:特别节目

推荐理由

此次系列直播很好地宣传了南昌西汉海昏侯墓的价值,充分展现了考古工作者的专业精神,也宣传普及了文物保护知识,社会反响巨大,收视表现突出,最高值超出同时段平播节目10倍以上,是整个南昌西汉海昏侯墓考古发掘宣传报道中的突出亮点之一。

作品简介

《南昌西汉海昏侯墓主椁室考古发掘系列现场直播》时长共计320分钟。内容覆盖主椁室考古发掘工作正式启动、主椁室文物集中提取、主棺揭开第一重棺盖以及内棺整体吊运至实验室考古等观众最为关心的时间节点。

新媒体展示

使用手机扫描下方二维码,即可观看本条获奖作品的新媒体展示。

作品标题

八桂民族风
——2015 三月三大直播

作品信息

作品类型：电视类·现场直播
创作单位：广西电视台
报送单位：广西广播电影电视协会
作品时长：1 小时 01 分
作品主创：集体
刊播栏目：特别节目

推荐理由

该作品直播现场大气饱满，主题重大鲜明，现场主持应变机敏，首次通过电视直播原生态展示民族文化的多样性，以及各民族心手相连、多元一体的民族和谐发展格局。

新媒体展示

使用手机扫描下方二维码，即可观看本条获奖作品的新媒体展示。

作品简介

“三月三”第一次通过电视多点直播成为广西 5 000 万人的年度盛会，观众反响非常热烈。直播以乡愁乡情为主线，呈现各民族风土人情，展现广西各民族文化上兼收并蓄、情感上相互亲近，你中有我、我中有你的民族团结盛景。

作品标题　《筑梦天宫》特别节目——天宫神舟载人航天系列直播报道

作品信息

作品类型:电视类·现场直播
创作单位:中央电视台
报送单位:中央电视台学会
作品时长:51 分 22 秒(总时长:4 小时 59 分 12 秒)
作品主创:集体
刊播栏目:特别节目

推荐理由

《筑梦天宫》特别节目紧扣习总书记提出的“中国梦·航天梦”的主题,用成熟的航天报道经验、丰富的电视语言创意、先进的技术手段呈现了中国航天历史性的一步。同时,该直播节目还运用大小屏互动的新媒体思维,打破媒体边界,形成了全新的节目风格。

作品简介

2016 年下半年,中央电视台新闻频道连续推出多期《筑梦天宫》直播特别节目,全程关注中国航天 2016 年最重要的活动——天宫二号和神舟十一号载人飞行任务。

新媒体展示

使用手机扫描下方二维码,即可观看本条获奖作品的新媒体展示。

作品标题　地铁改变生活特别直播节目

作品信息

广东广播电视台

作品类型:电视类·现场直播
创作单位:广东广播电视台
报送单位:广东省广播电影电视协会
作品时长:1小时30分
作品主创:集体
刊播栏目:《地铁改变生活特别直播节目》

推荐理由

该作品既有时效性、权威性、专业性,又包含实用的服务性,"软硬"新闻配置得当,各个版块编排巧妙,效果很好。同时,该作品也是媒体融合提升传播力的一次积极探索,传统电视现场直播与网络、微信平台、触电新闻App同步直播,即时互动,是媒体融合的一次积极探索。

新媒体展示

使用手机扫描下方二维码,即可观看本条获奖作品的新媒体展示。

作品简介

2016年12月28日,广州地铁6号线二期、7号线一期和广佛线二期同时开通试运营。本次直播节目导向把握准确,电视、新媒体并重,呈现了三条线路开通的情况,并重点关注地铁开通为广佛两地经济交通发展和市民生活带来的改变。

中国广播影视大奖

电视类大奖·栏目

作品标题　中华好家风

作品信息

作品类型:电视类・栏目
创作单位:河北广播电视台
报送单位:河北省广播电视协会
作品时长:45 分钟
作品主创:集体
刊播频道:河北卫视

推荐理由

栏目响应国务院关于“全面复兴传统文化”的号召,传承并发扬中华优秀传统文化、展示中国家庭家风的文化情感和内涵,力求勾画出一个个鲜活的家庭、一段段精彩的家风故事、一代代传承不息的精神坚守。

作品简介

2017 年栏目改版后,将中华优秀传统家风与青春朝气的表达手段相结合,营造代表年龄跨度的全新代际话语场,力求打造一档集演说与创新访谈于一体的有意思、更有意义的复合型人文节目。

新媒体展示

使用手机扫描下方二维码,即可观看本条获奖作品的新媒体展示。

作品标题　新闻联播

作品信息

作品类型：电视类·栏目
创作单位：中央电视台
报送单位：中央电视台学会
作品时长：30分钟
作品主创：集体
刊播频道：CCTV－1(中央电视台综合频道)、CCTV－13(中央电视台新闻频道)

推荐理由

栏目的“头条工程”机制引领主题主线报道品质提升，引领舆论；“伴随式”时政报道理念创新有突破；特别版面精心编排，获总书记表扬；情系民生民情，强化社会价值引领；以融媒体思维设计节目，创新报道方式；围绕人间真情做好新春大文章，“联播变脸”引发高度重视。

新媒体展示

使用手机扫描下方二维码，即可观看本条获奖作品的新媒体展示。

作品简介

《新闻联播》是中央电视台新闻栏目的“旗舰”和“新闻立台”的标志性栏目。《新闻联播》集中力量围绕习近平总书记重要活动、重要讲话精神，进行“前展后延”、深度追踪策划，实践动态“伴随式”报道理念。

作品标题　军情解码

作品信息

作品类型：电视类·栏目
创作单位：北京电视台
报送单位：北京市广播影视协会
作品时长：50 分钟
作品主创：集体
刊播频道：北京电视台青年频道

推荐理由

《军情解码》始终以“唱响中国利益”为己任，在形式体裁上努力创新，打破全国其他军事类节目通常采用的“评论”形态，改以“解密”作为自己的主要形态，风格灵活新颖。

作品简介

《军情解码》栏目始终以在青年人中培养爱国主义情操、培育忧患意识、探寻现代战争规律、传播军事国防知识，以及展现我军基层部队风采为己任。

新媒体展示

使用手机扫描下方二维码，即可观看本条获奖作品的新媒体展示。

作品标题　银川生活帮

作品信息

作品类型：电视类·栏目
创作单位：银川市新闻传媒集团
报送单位：宁夏广播电影电视协会
作品时长：35分钟
作品主创：邵嘉彧、王虎啸、赵棣慧、郝楠、孙玉娇、郭磊
刊播频道：银川电视台生活频道

推荐理由

《银川生活帮》栏目一直坚持以贴近生活、贴近实际、贴近百姓为前提，帮助人们解决日常生活中遇到的各种难题，得到了社会各界的一致好评。

新媒体展示

使用手机扫描下方二维码，即可观看本条获奖作品的新媒体展示。

作品简介

《银川生活帮》栏目共设置"鸿胜说交通""记者帮忙""法眼湖城""律师维权"四个版块。改版后，节目质量不断提高，收视率节节攀升，美誉度与影响力与日俱增，成为银川地区一档有影响力的帮扶类法制栏目。

作品标题

我们圆桌会

作品信息

作品类型:电视类·栏目
创作单位:杭州市广播电视台
报送单位:浙江省广播电影电视学会
作品时长:40分钟
作品主创:集体
刊播频道:杭州电视台综合频道

推荐理由

《我们圆桌会》栏目定位明确,切中转型期社会需求,风格创新,具有鲜明的时代特征,实效显著,使得各界关注“圆桌会现象”。

作品简介

《我们圆桌会》以“沟通改变生活,对话推动进步”为宣传语,成为公众参与社会管理和意见表达的新空间。栏目在回应各界关切、疏导公众情绪、改进政府工作、推动社会进步等方面发挥了重要作用。

新媒体展示

使用手机扫描下方二维码,即可观看本条获奖作品的新媒体展示。

中国广播影视大奖

电视类大奖 · 对外宣传

作品标题　中国南海，寸土不让

作品信息

作品类型：电视类·对外宣传
创作单位：中央电视台
报送单位：中央电视台学会
作品时长：12分钟
作品主创：集体
刊播频道：中央电视台英语新闻频道

推荐理由

《中国南海，寸土不让》是央视英语频道2016年度规模最大、历时最久的系列报道。该系列紧密围绕国际舆论对南海问题的高度关注展开，具有高度的新闻性和时效性。

作品简介

在南海仲裁案公布前后为期1个月的时间里，记者深入南海岛礁，采访近30位国内外权威学者，驳斥了仲裁案罔顾基本事实、肆意践踏国际法的做法，准确清晰地传递出中国在南海主权问题上寸土不让的严正立场。

新媒体展示

使用手机扫描下方二维码，即可观看本条获奖作品的新媒体展示。

作品标题　专访班禅额尔德尼·确吉杰布

作品信息

CCTV
中国中央电视台

作品类型：电视类·对外宣传类
创作单位：中央电视台
报送单位：中央电视台学会
作品时长：3分46秒
作品主创：陈映锜
刊播栏目：《今日新闻》

推荐理由

该专访内容客观公正、积极向上，有效引导了社会舆论，成为西藏自治区对外宣传班禅、宣传时轮金刚灌顶法会的重量级稿件，有力驳斥了西方敌对势力和境外反动组织的歪曲言论，向全世界传递了西藏宗教和睦、佛事和顺的正能量。

新媒体展示

使用手机扫描下方二维码，即可观看本条获奖作品的新媒体展示。

作品简介

2016年7月21日至24日，60年一遇的时轮金刚灌顶法会在中国西藏日喀则地区举行，这也是十一世班禅坐床21年来首次举行时轮金刚灌顶法会，是西藏自治区60年来举行的最隆重的法会，是中国佛教界具有历史意义的大事。

作品标题

东京审判

作品信息

SMG

作品类型：电视类·对外宣传类
创作单位：上海广播电视台
报送单位：上海市广播电视协会
作品时长：48 分钟，共 3 集
作品主创：朱晓茜、陈亦楠、敖雪、王硕、俞洁
刊播栏目：外语频道特别节目

推荐理由

纪录片在基调处理上理性平和，运用大量的庭审原始影像资料，用事实证据凸显当时审判的公平性、公正性。

作品简介

作品以上海交通大学东京审判研究中心为学术依托，在采集国内外独家罕见影像资料的基础上，走访中美日德专家、亲历者及后人，以翔实的镜头语言力证东京审判是一场文明的、正义的、公正的审判。

新媒体展示

使用手机扫描下方二维码，即可观看本条获奖作品的新媒体展示。

作品标题　光阴的故事

作品信息

作品类型：电视类·对外宣传类
创作单位：广西电视台
报送单位：广西广播电影电视学会
作品时长：1小时44分
作品主创：马坚、覃彤、顾景淞、苏宇、李峻
刊播栏目：特别节目

推荐理由

《光阴的故事》可以说是中国与老挝乃至与周边东盟国家，在文化交往领域深度合作的一次全新尝试，是一部既打捞了历史，又涌动着真情的纪录片，该片对于中老友谊的记录与传播有里程碑式的意义。

新媒体展示

使用手机扫描下方二维码，即可观看本条获奖作品的新媒体展示。

作品简介

1967年，中国无偿为一批老挝留学生在广西南宁建设了一所全日制学校，这所学校被称为"六七"学校。以"六七"学校为切入点的《光阴的故事》，分为《青春无悔》《友谊长存》两集，回顾历史，追溯中老友谊的渊源。

作品标题

我在杭州

作品信息

作品类型:电视类·对外宣传类
创作单位:浙江广播电视集团
杭州电视台
报送单位:浙江省广播电影电视学会
作品时长:共 12 集,每集 7 分 30 秒
作品主创:裘永刚、江山、曹岳枫、罗琳、邱晨、沈俊楠、张露
刊播栏目:《华人天地》

推荐理由

《我在杭州》作为为杭州 G20 峰会量身定做的电视外宣系列节目,创意新颖、策划精准到位。整个节目从前期策划到嘉宾遴选直至拍摄制作都充分考虑了电视外宣的各方面需要,国际化元素鲜明而又不失节目的亲和力,画面精致、语言流畅、制作精良。

作品简介

通过 12 位生活在杭州的外国人自述的方式,讲述他们在杭州丰富多彩的生活故事,向世界有效传递杭州"精致、和谐、大气、开放"的城市精神,展现"东方休闲之都、品质生活之城"的独特风貌。

新媒体展示

使用手机扫描下方二维码,即可观看本条获奖作品的新媒体展示。

作品标题 美国大选乱象丛生 社会严重分裂

作品信息

作品类型：电视类·对外宣传类
创作单位：中央电视台
报送单位：中央电视台学会
作品时长：30分钟
作品主创：Anand Naidoo、Megan Pratz、Ruqaiyah Najjar、Atirath Aich
刊播栏目：《热点》

推荐理由

节目在美国大选日前夜播出，并邀请到美国资深政治家点评，具有很大的说服力，对于世界各地关注美国大选的观众具有很大启示性。节目通过权威直观的专家分析，为不甚了解美国大选及政体的国际观众揭示了美国大选的本质，以及造成美国经济社会政治问题的根源。

新媒体展示

使用手机扫描下方二维码，即可观看本条获奖作品的新媒体展示。

作品简介

制作团队通过观察，发现美国前议员、三次参与美国总统竞选的政治家罗恩·保罗的“第三党”观点比较新颖，且切中美国政治要害，继而向罗恩·保罗团队发出采访邀请。经过数日的沟通和协作，最终将罗恩·保罗请到演播室。

图书在版编目(CIP)数据
中国广播影视大奖新媒体展示手册:2015—2016年度广播电视节目奖获奖作品/张海涛主编.-北京:中国传媒大学出版社,2018.6
ISBN 978-7-5657-2328-5

Ⅰ.①中… Ⅱ.①张… Ⅲ.①广播节目-作品集-中国-2015—2016 ②电视节目-作品集-中国-2015—2016 Ⅳ.①G229.2

中国版本图书馆CIP数据核字(2018)第081695号

中国广播影视大奖新媒体展示手册:2015—2016年度广播电视节目奖获奖作品
ZHONGGUO GUANGBO YINGSHI DAJIANG XINMEITI ZHANSHI SHOUCE:2015—2016 NIANDU GUANGBO DIANSHI JIEMUJIANG HUOJIANG ZUOPIN

主　　编　张海涛
策划编辑　王雁来
责任编辑　张　旭　王雁来
封面设计　周　蕴
责任印制　曹　辉

出版发行　中国传媒大学出版社
社　　址　北京市朝阳区定福庄东街1号　　邮编:100024
电　　话　010-65450532 或 65450528　　传真:010-65779405
网　　址　http://www.cucp.com.cn
经　　销　全国新华书店

印　　刷　三河市荣展印务有限公司
开　　本　787mm×1092mm　1/32
印　　张　4.5
字　　数　154千字
版　　次　2018年6月第1版　2018年6月第1次印刷

书　　号　ISBN 978-7-5657-2328-5/G·2328　　定　价　38.00元